FROM Gray to Color

ISBN: 979-8-9956288-0-4
Publicado por BooksDiximarie

Primera edición: 2026
Este libro no sustituye la atención profesional en salud mental. Si estás atravesando una situación emocional compleja, se recomienda buscar ayuda de un profesional cualificado.

AVISO IMPORTANTE

Este libro ofrece contenido educativo y de apoyo emocional con fines de crecimiento personal. No constituye terapia psicológica, diagnóstico ni tratamiento clínico.

La autora no se hace responsable de reacciones emocionales, crisis psicológicas o decisiones personales derivadas del uso de este material.

El lector asume la responsabilidad de su bienestar emocional. Si experimenta malestar significativo, se recomienda buscar ayuda de un profesional de salud mental licenciado.

Diximarie Serrano Rivera
Autora

EST. 2026
BOOKS DIXIMARIE

Gray to Color es un cuaderno terapéutico ha sido diseñado a partir de los fundamentos de la arteterapia, una disciplina que integra los procesos creativos con la psicoterapia para promover el bienestar emocional, la autoexpresión y el fortalecimiento de la autoestima. La arteterapia surge formalmente en el siglo XX, particularmente a partir de los trabajos de Adrian Hill, quien en 1942 acuñó el término al reconocer el valor terapéutico del arte durante su proceso de recuperación. Desde entonces, múltiples estudios han evidenciado su efectividad en el manejo de diversas condiciones emocionales y psicológicas, al facilitar formas de comunicación no verbal y promover procesos de sanación interna (Bitonte & DeSanto, 2014; EBSCO, s.f.)

La autora, Diximarie Serrano, experta en conducta humana y escritora, se inspira en vivencias y procesos vinculados al manejo de la ansiedad y la depresión, comprendiendo que la mente humana transita constantemente por una montaña rusa de emociones. Este cuaderno terapéutico nace como un espacio seguro donde cada página invita a pausar, respirar y reconectar. A través del acto de colorear, la atención se desplaza suavemente del pensamiento que inquieta hacia el momento presente, permitiendo que la persona se libere, aunque sea por instantes, de la carga emocional que lleva. Así, el enfoque en el color, las formas y los detalles se convierte en una herramienta de regulación emocional que promueve calma, claridad mental y un encuentro más amable consigo mismo.

A veces la vida se pone difícil y la
ansiedad, el temor, el pánico y la tristeza nos paralizan.

A continuación, te presento ejercicios que te ayudarán
a conectar contigo y con ese propósito de vida que
nada ni nadie podrá apagar.

Cada día es una nueva oportunidad para seguir
luchando.

La mente ansiosa y deprimida nos miente, y la vida
tiene días grises, pero también muchos a colores.

Te invito a comenzar a colorear y permitir liberar
tus emociones y recargar fuerzas.

Oro para que, así como Dios un día lo hizo conmigo,
también lo haga contigo.

Diximarie Serrano
- Autora-

Nombre: ______________________________

Fecha de nacimiento: ______________________

Color favorito: __________________________

Artista favorito: _________________________

Pasatiempo favorito: ______________________

Mejor amiga: ____________________________

Mascota: _______________________________

Comida favorita: _________________________

Canción favorita: _________________

Historia de mi
nacimento

¿Cuándo nací?

¿Dónde nací?

¿A qué hora nací?

¿Cómo me describiría de bebé?

¿Cómo eran mis padres?

¿Cuál es la primera historia de mí, que me contaron?

¿Cómo eligieron mi nombre?

¿Había una celebración especial cuando naci?

Estoy agradecido por...

Algo gracioso que hicieron mis padres al yo nacer...

Mi deseo para el próximo año de vida...

Lo que más amo de haber nacido es...

No naciste por accidente; viniste a este mundo por un propósito.

¿Lo conoces?
¿Sabes para qué naciste?

FLOUR
SUGAR
BUTTER

HAPPY BIRTHDAY

MIS RECUERDOS DE LA INFANCIA

Recuerdo 1:

Recuerdo 2:

Recuerdo 3:

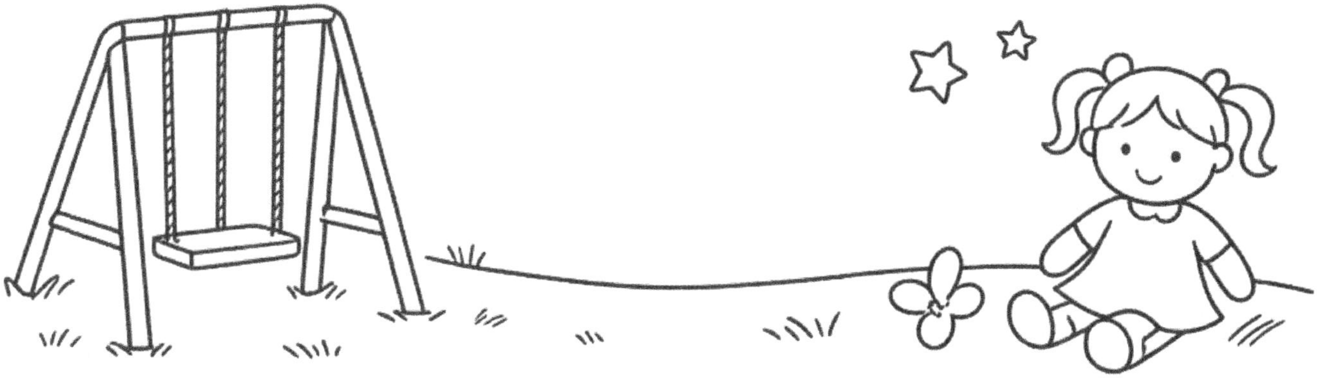

Juguetería

Mis Reflexiones

5 PALABRAS QUE ME DESCRIBEN

- ○ ______________________
- ○ ______________________
- ○ ______________________
- ○ ______________________
- ○ ______________________

3 ROLES QUE TENGO (ej: hija, profesional, amiga)

- ○ ______________________
- ○ ______________________
- ○ ______________________

3 COSAS QUE ESTOY DESCUBRIENDO DE MÍ

- ○ ______________________
- ○ ______________________
- ○ ______________________

Menciona 5 cosas que ames de ti

1. ____________________
2. ____________________
3. ____________________
4. ____________________
5. ____________________

CARTA A MI YO DE 10 AÑOS

ASÍ SE VE MI MENTE

Llena cada espacio dentro de la mente con pensamientos, recuerdos e ideas, luego coloréalos a gusto.

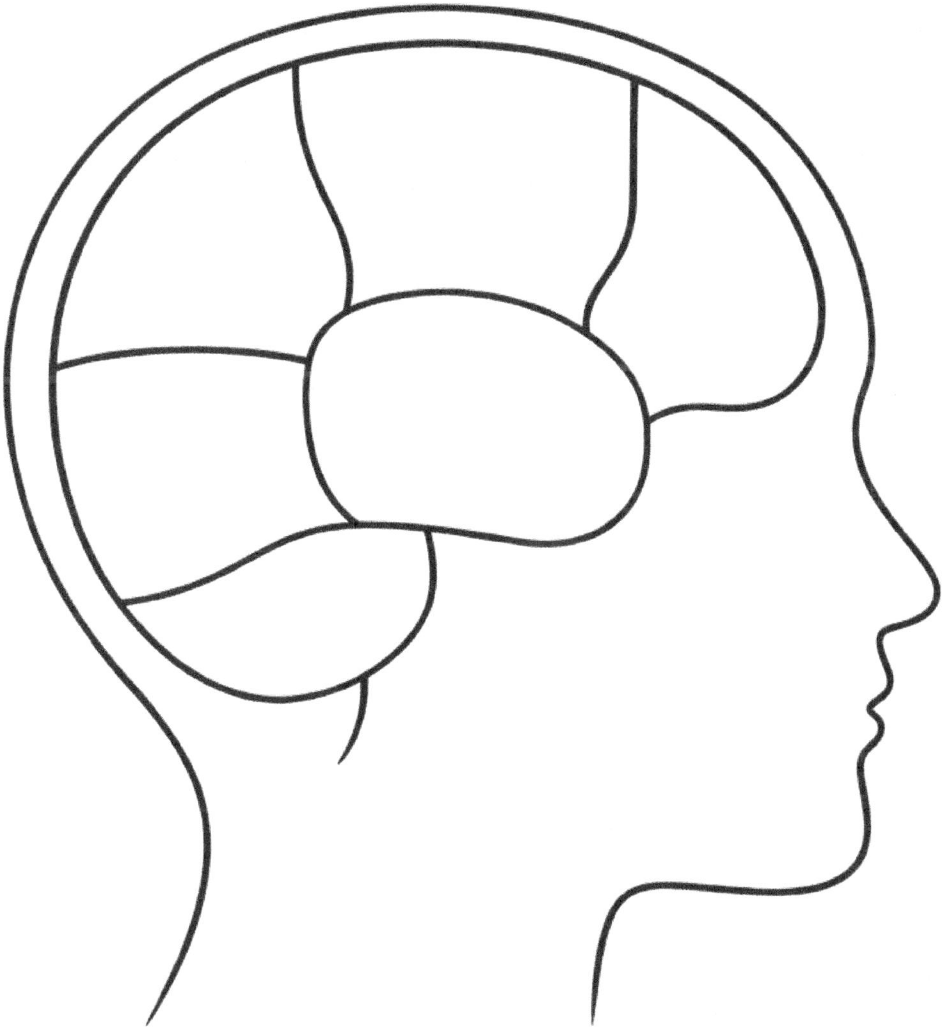

ÁRBOL DE LA GRATITUD

Escribe en cada hoja algo por lo que hoy te sientes agradecido.

PASSPORT

NEW YORK
TAXI

SNOW CONES
SYRUP
SYRUP
SYRUP
SYRUP

WILR

HOY ME SIENTO

Haré esto para sentirme bien:

- ______________________________
- ______________________________
- ______________________________
- ______________________________

PALABRAGRAMA

Encuentra las palabras:

O	G	U	O	O	E	O	T	S	N	O	X	P	T	B
E	K	E	K	Q	J	F	B	C	O	V	O	J	H	I
B	J	C	W	A	Z	M	Y	I	R	I	I	M	R	H
U	V	J	N	K	Q	Z	O	V	A	X	N	X	U	H
N	Z	K	D	F	O	V	X	V	J	O	T	V	A	P
Y	Y	B	Q	H	E	A	X	V	Y	E	E	U	T	W
H	Z	U	N	I	C	A	H	D	N	R	L	L	P	R
D	C	M	Z	T	I	W	O	V	K	G	I	L	I	P
O	M	Q	Y	L	T	O	J	A	B	Z	G	S	L	O
H	V	F	W	I	C	A	B	L	U	W	E	V	P	D
L	V	V	V	I	I	X	H	I	N	C	N	W	C	E
B	L	A	F	N	F	Q	W	O	R	S	T	Q	J	R
D	D	L	M	X	H	K	G	S	F	K	E	K	V	O
E	Y	C	D	G	Q	Y	X	A	J	G	I	X	L	S
M	V	M	I	G	A	C	U	M	A	M	A	D	A	A

· VALIOSA · AMADA · ÚNICA ·
· PODEROSA · INTELIGENTE·

STRAWBERRIES & CREAM
CREAM
CREAM
CREAM

Menciona tres cosas en las que debes mejorar

MI VALOR
no depende de....

ESCRIBE 5 COSAS DE LAS QUE TU VALOR NO DEPENDE:

1. ______________________________
2. ______________________________
3. ______________________________
4. ______________________________
5. ______________________________

TU VALOR ES INHERENTE. ERES SUFICIENTE, TAL COMO ERES.

TÉCNICA DE GROUNDING

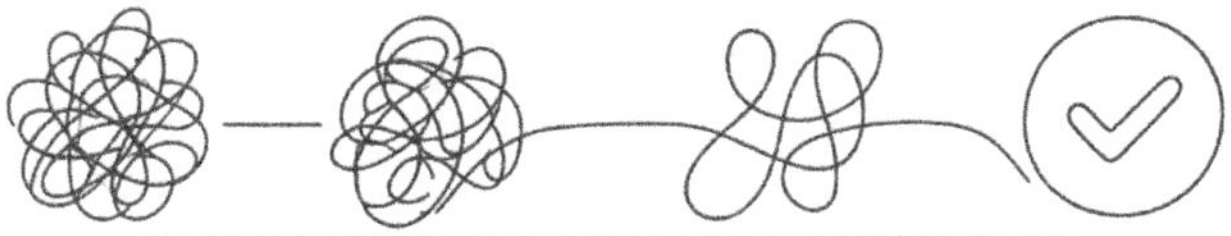

CUATRO COSAS QUE VEO

TRES COSAS QUE SIENTO

DOS COSAS QUE HUELO

UNA COSA QUE PUEDO SABOREAR

SALE
SALE

LAS ETAPAS DEL DUELO

ESCRIBE UNAS PALABRAS A ESA PERSONA QUE SE FUE...

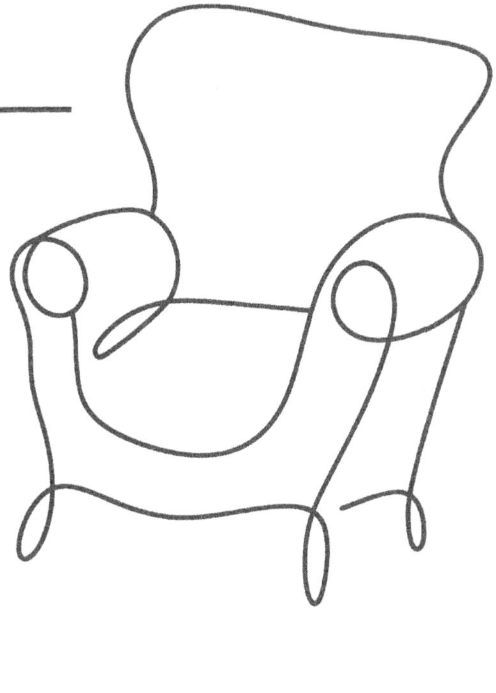

ESCRIBE AQUELLO QUE TE PESA, TE ATRASA Y NECESITAS SOLTAR PARA AVANZAR.

COSAS QUE SIENTO VS COSAS QUE PIENSO

LEMONADE

FLOWER SHOP
OPEN

La mayoría de los traumas que vivimos los seres humanos, comienzan con necesidades no satisfechas en la infancia. Liberar esas emociones trae sanidad, la aceptación es importante, pero más aún la transformación.

Buscar ayuda no es debilidad, es responsabilidad afectiva contigo mismo.

Romper patrones cuesta, pero no romperlos costará aún más...

-Diximarie Serrano

La autora ofrece: Atención clínica especializada en procesos emocionales complejos.

ofrecemos atención clínica especializada para personas que enfrentan:

— Crisis de pareja y conflictos relacionales
— Violencia en el noviazgo o en la relación de pareja
— Baja autoestima y dificultades en la identidad personal
— Tristeza profunda y estados depresivos
— Ansiedad, ataques de pánico y preocupación constante
— Fobias y miedos irracionales
— Pérdidas significativas:
  - Separación
  - Divorcio
  - Muerte de un ser querido
— Cambios en el estado de ánimo
— Agresividad y dificultad en el manejo de la ira
— Dificultad en el manejo de emociones (tristeza, frustración)
— Estrés crónico y agotamiento emocional
— Dependencia emocional
— Pensamientos intrusivos o negativos recurrentes
— Experiencias traumáticas no resueltas
— Dificultades para tomar decisiones y establecer límites
— Entre otros...

Escríbenos para agendar tu cita:

afarcitas@gmail.com

Servicios disponibles de manera presencial o virtual en Puerto Rico.

La autora ofrece: Atención clínica especializada a grupos.

¿Tu institución necesita fortalecer la salud emocional de su comunidad?

Ofrezco talleres, conferencias y capacitaciones dirigidas a:

- Instituciones terapéuticas
- Iglesias
- Empresas y equipos de trabajo

Temas como:

- Ansiedad y manejo emocional
- Procesos de duelo
- Control de impulsos y conducta
- Bienestar integral

Modalidad presencial y virtual.

Escríbeme para coordinar tu espacio

afarcitas@gmail.com

Para eventos de Coloring Book contactanos a:

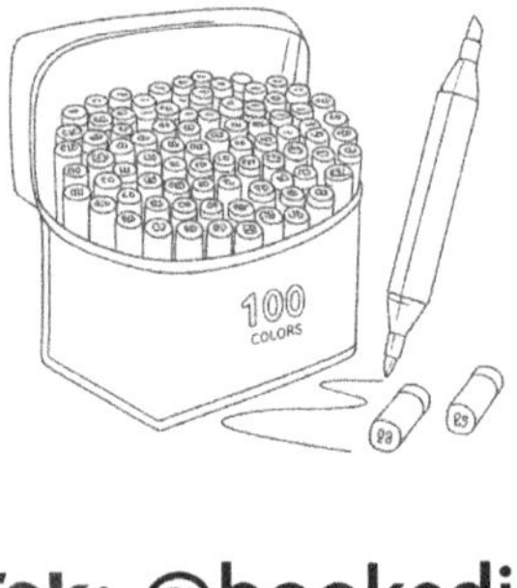

booksdiximarie@gmail.com **TikTok: @booksdiximarie**

Color Swatch

Made in the USA
Coppell, TX
14 June 2026

81155717R00057